RÉDUCTION

DES ÉCUS DE 5 FRANCS, DES ÉCUS DE 6 LIVRES DE FRANCE ET DES COURONNES DE BRABANT, EN LIVRES DE NEUCHATEL ET DE VAUD;

SUIVIE

DE LA RÉDUCTION DES COURONNES DE BRABANT EN LIVRES DE BERNE ET D'AUTRES CANTONS.

Toutes ces pièces calculées au cours adopté dans les divers Cantons.

NEUCHATEL,

Chez CHRISTIAN GERSTER, Libraire.

IMPRIMERIE DE C.-H. WOLFRATH.

1829.

Canton de Neuchâtel.

Nombre de Pièces.	Pièces de 5 francs de France à 36 batz 1 cr.			Ecus de 6 livres de France à 42 batz.		Couronnes de Brabant à 41 batz 2 cr.	
		s.	d.		s.		s.
1	£. 3	12	6	£. 4	4	£. 4	3
2	7	5	„	8	8	8	6
3	10	17	6	12	12	12	9
4	14	10	„	16	16	16	12
5.	18	2	6	21	„	20	15
6	21	15	„	25	4	24	18
7	25	7	6	29	8	29	1
8	29	„	„	33	12	33	4
9	32	12	6	37	16	37	7
10	36	5	„	42	„	41	10
11	39	17	6	46	4	45	13
12	43	10	„	50	8	49	16
13	47	2	6	54	12	53	19
14	50	15	„	58	16	58	2
15	54	7	6	63	„	62	5
16	58	„	„	67	4	66	8
17	61	12	6	71	8	70	11
18	65	5	„	75	12	74	14
19	68	17	6	79	16	78	17
20	72	10	„	84	„	83	„

Canton de Vaud.

Nombre de Pièces.	Pièces de 5 francs de France à 34 batz 2 cr.		Ecus de 6 livres de France à 40 batz.		Couronnes de Brabant à 39 batz 2 cr.	
		s.		s.		s.
1	£. 3	9	£. 4	"	£. 3	19
2	6	18	8	"	7	18
3	10	7	12	"	11	17
4	13	16	16	"	15	16
5	17	5	20	"	19	15
6	20	14	24	"	23	14
7	24	3	28	"	27	13
8	27	12	32	"	31	12
9	31	1	36	"	35	11
10	34	10	40	"	39	10
11	37	19	44	"	43	9
12	41	8	48	"	47	8
13	44	17	52	"	51	7
14	48	6	56	"	55	6
15	51	15	60	"	59	5
16	55	4	64	"	63	4
17	58	13	68	"	67	3
18	62	2	72	"	71	2
19	65	11	76	"	75	1
20	69	"	80	"	79	"

Canton de Neuchâtel.

Nombre de Pièces.	Pièces de 5 francs de France à 36 batz 1 cr.			Ecus de 6 livres de France à 42 batz.		Couronnes de Brabant à 41 batz 2 cr.	
		s.	d.		s.		s.
21	£. 76	2	6	£. 88	4	£. 87	3
22	79	15	„	92	8	91	6
23	83	7	6	96	12	95	9
24	87	„	„	100	16	99	12
25	90	12	6	105	„	103	15
26	94	5	„	109	4	107	18
27	97	17	6	113	8	112	1
28	101	10	„	117	12	116	4
29	105	2	6	121	16	120	7
30	108	15	„	126	„	124	10
31	112	7	6	130	4	128	13
32	116	„	„	134	8	132	16
33	119	12	6	138	12	136	19
34	123	5	„	142	16	141	2
35	126	17	6	147	„	145	5
36	130	10	„	151	4	149	8
37	134	2	6	155	8	153	11
38	137	15	„	159	12	157	14
39	141	7	6	163	16	161	17
40	145	„	„	168	„	166	„

Canton de Vaud.

Nombre de Pièces.	Pièces de 5 francs de France à 34 batz 2 cr.		Ecus de 6 livres de France à 40 batz.		Couronnes de Brabant à 39 batz 2 cr.	
		s.		s.		s.
21	£. 72	9	£. 84	"	£. 82	19
22	75	18	88	"	86	18
23	79	7	92	"	90	17
24	82	16	96	"	94	16
25	86	5	100	"	98	15
26	89	14	104	"	102	14
27	93	3	108	"	106	13
28	96	12	112	"	110	12
29	100	1	116	"	114	11
30	103	10	120	"	118	10
31	106	19	124	"	122	9
32	110	8	128	"	126	8
33	113	17	132	"	130	7
34	117	6	136	"	134	6
35	120	15	140	"	138	5
36	124	4	144	"	142	4
37	127	13	148	"	146	3
38	131	2	152	"	150	2
39	134	11	156	"	154	1
40	138	"	160	"	158	"

Canton de Neuchâtel.

Nombre de Pièces.	Pièces de 5 francs de France à 36 batz 1 cr.	s.	d.	Ecus de 6 livres de France à 42 batz.	s.	Couronnes de Brabant à 41 batz 2 cr.	s.
41	£. 148	12	6	£. 172	4	£. 170	3
42	152	5	„	176	8	174	6
43	155	17	6	180	12	178	9
44	159	10	„	184	16	182	12
45	163	2	6	189	„	186	15
46	166	15	„	193	4	190	18
47	170	7	6	197	8	195	1
48	174	„	„	201	12	199	4
49	177	12	6	205	16	203	7
50	181	5	„	210	„	207	10
51	184	17	6	214	4	211	13
52	188	10	„	218	8	215	16
53	192	2	6	222	12	219	19
54	195	15	„	226	16	224	2
55	199	7	6	231	„	228	5
56	203	„	„	235	4	232	8
57	206	12	6	239	8	236	11
58	210	5	„	243	12	240	14
59	213	17	6	247	16	244	17
60	217	10	„	252	„	249	„

Canton de Vaud.

Nombre de Pièces.	Pièces de 5 francs de France à 34 batz 2 cr.		Ecus de 6 livres de France à 40 batz.		Couronnes de Brabant à 39 batz 2 cr.	
		s.		s.		s.
41	£. 141	9	£. 164	„	£. 161	19
42	144	18	168	„	165	18
43	148	7	172	„	169	17
44	151	16	176	„	173	16
45	155	5	180	„	177	15
46	158	14	184	„	181	14
47	162	3	188	„	185	13
48	165	12	192	„	189	12
49	169	1	196	„	193	11
50	172	10	200	„	197	10
51	175	19	204	„	201	9
52	179	8	208	„	205	8
53	182	17	212	„	209	7
54	186	6	216	„	213	6
55	189	15	220	„	217	5
56	193	4	224	„	221	4
57	196	13	228	„	225	3
58	200	2	232	„	229	2
59	203	11	236	„	233	1
60	207	„	240	„	237	„

Canton de Neuchâtel.

Nombre de Pièces.	Pièces de 5 francs de France à 36 batz 1 cr.			Ecus de 6 livres de France à 42 batz.		Couronnes de Brabant à 41 batz 2 cr.	
		s.	d.		s.		s.
61	£. 221	2	6	£. 256	4	£. 253	3
62	224	15	„	260	8	257	6
63	228	7	6	264	12	261	9
64	232	„	„	268	16	265	12
65	235	12	6	273	„	269	15
66	239	5	„	277	4	273	18
67	242	17	6	281	8	278	1
68	246	10	„	285	12	282	4
69	250	2	6	289	16	286	7
70	253	15	„	294	„	290	10
71	257	7	6	298	4	294	13
72	261	„	„	302	8	298	16
73	264	12	6	306	12	302	19
74	268	5	„	310	16	307	2
75	271	17	6	315	„	311	5
76	275	10	„	319	4	315	8
77	279	2	6	323	8	319	11
78	282	15	„	327	12	323	14
79	286	7	6	331	16	327	17
80	290	„	„	336	„	332	„

Canton de Vaud.

Nombre de Pièces.	Pièces de 5 francs de France à 34 batz 2 cr.		Ecus de 6 livres de France à 40 batz.		Couronnes de Brabant à 39 batz 2 cr.	
		s.		s.		s.
61	£. 210	9	£. 244	"	£. 240	19
62	213	18	248	"	244	18
63	217	7	252	"	248	17
64	220	16	256	"	252	16
65	224	5	260	"	256	15
66	227	14	264	"	260	14
67	231	3	268	"	264	13
68	234	12	272	"	268	12
69	238	1	276	"	272	11
70	241	10	280	"	276	10
71	244	19	284	"	280	9
72	248	8	288	"	284	8
73	251	17	292	"	288	7
74	255	6	296	"	292	6
75	258	15	300	"	296	5
76	262	4	304	"	300	4
77	265	13	308	"	304	3
78	269	2	312	"	308	2
79	272	11	316	"	312	1
80	276	"	320	"	316	"

Canton de Neuchâtel.

Nombre de Pièces.	Pièces de 5 francs de France à 36 batz 1 cr.			Ecus de 6 livres de France à 42 batz.		Couronnes de Brabant à 41 batz 2 cr.	
		s.	d.		s.		s.
81	£. 293	12	6	£. 340	4	£. 336	3
82	297	5	„	344	8	340	6
83	300	17	6	348	12	344	9
84	304	10	„	352	16	348	12
85	308	2	6	357	„	352	15
86	311	15	„	361	4	356	18
87	315	7	6	365	8	361	1
88	319	„	„	369	12	365	4
89	322	12	6	373	16	369	7
90	326	5	„	378	„	373	10
91	329	17	6	382	4	377	13
92	333	10	„	386	8	381	16
93	337	2	6	390	12	385	19
94	340	15	„	394	16	390	2
95	344	7	6	399	„	394	5
96	348	„	„	403	4	398	8
97	351	12	6	407	8	402	11
98	355	5	„	411	12	406	14
99	358	17	6	415	16	410	17
100	362	10	„	420	„	415	„

Canton de Vaud.

Nombre de Pièces.	Pièces de 5 francs de France à 34 batz 2 cr.		Ecus de 6 livres de France à 40 batz.		Couronnes de Brabant à 39 batz 2 cr.	
		s.		s.		s.
81	£. 279	9	£. 324	„	£. 319	19
82	282	18	328	„	323	18
83	286	7	332	„	327	17
84	289	16	336	„	331	16
85	293	5	340	„	335	15
86	296	14	344	„	339	14
87	300	3	348	„	343	13
88	303	12	352	„	347	12
89	307	1	356	„	351	11
90	310	10	360	„	355	10
91	313	19	364	„	359	9
92	317	8	368	„	363	8
93	320	17	372	„	367	7
94	324	6	376	„	371	6
95	327	15	380	„	375	5
96	331	4	384	„	379	4
97	334	13	388	„	383	3
98	338	2	392	„	387	2
99	341	11	396	„	391	1
100	345	„	400	„	395	„

Canton de Neuchâtel.

Nombre de Pièces.	Pièces de 5 francs de France à 36 batz 1 cr.			Ecus de 6 livres de France à 42 batz.		Couronnes de Brabant à 41 batz 2 cr.	
		s.	d.		s.		s
200	£. 725	„	„	£. 840	„	£. 830	„
300	1087	10	„	1260	„	1245	„
400	1450	„	„	1680	„	1660	„
500	1812	10	„	2100	„	2075	„
600	2175	„	„	2520	„	2490	„
700	2537	10	„	2940	„	2905	„
800	2900	„	„	3360	„	3320	„
900	3262	10	„	3780	„	3735	„
1000	3625	„	„	4200	„	4150	„
1100	3987	10	„	4620	„	4565	„
1200	4350	„	„	5040	„	4980	„
1300	4712	10	„	5460	„	5395	„
1400	5075	„	„	5880	„	5810	„
1500	5437	10	„	6300	„	6225	„
1600	5800	„	„	6720	„	6640	„
1700	6162	10	„	7140	„	7055	„
1800	6525	„	„	7560	„	7470	„
1900	6887	10	„	7980	„	7885	„
2000	7250	„	„	8400	„	8300	„

Canton de Vaud.

Nombre de Pièces.	Pièces de 5 francs de France à 34 batz 2 cr.	s.	Ecus de 6 livres de France à 40 batz.	s.	Couronnes de Brabant à 39 batz 2 cr.	s.
200	£. 690	„	£. 800	„	£. 790	„
300	1035	„	1200	„	1185	„
400	1380	„	1600	„	1580	„
500	1725	„	2000	„	1975	„
600	2070	„	2400	„	2370	„
700	2415	„	2800	„	2765	„
800	2760	„	3200	„	3160	„
900	3105	„	3600	„	3555	„
1000	3450	„	4000	„	3950	„
1100	3795	„	4400	„		
1200	4140	„	4800	„		
1300	4485	„	5200	„		
1400	4830	„	5600	„		
1500	5175	„	6000	„		
1600	5520	„	6400	„		
1700	5865	„	6800	„		
1800	6210	„	7200	„		
1900	6555	„	7600	„		
2000	6900	„	8000	„		

Canton de Berne et autres.

Nomb. de Pièces.	Couronnes de Brabant à 39 batz.	s.	Nomb. de Pièces.	Couronnes de Brabant à 39 batz.	s.	Nomb. de Pièces.	Couronnes de Brabant à 39 batz.	s.
1	£. 3	18	21	£. 81	18	41	£. 159	18
2	7	16	22	85	16	42	163	16
3	11	14	23	89	14	43	167	14
4	15	12	24	93	12	44	171	12
5	19	10	25	97	10	45	175	10
6	23	8	26	101	8	46	179	8
7	27	6	27	105	6	47	183	6
8	31	4	28	109	4	48	187	4
9	35	2	29	113	2	49	191	2
10	39	"	30	117	"	50	195	"
11	42	18	31	120	18	51	198	18
12	46	16	32	124	16	52	202	16
13	50	14	33	128	14	53	206	14
14	54	12	34	132	12	54	210	12
15	58	10	35	136	10	55	214	10
16	62	8	36	140	8	56	218	8
17	66	6	37	144	6	57	222	6
18	70	4	38	148	4	58	226	4
19	74	2	39	152	2	59	230	2
20	78	"	40	156	"	60	234	"

Canton de Berne et autres.

Nomb. de Pièces.	Couronnes de Brabant à 39 batz.		Nomb. de Pièces.	Couronnes de Brabant à 39 batz.		Nomb. de Pièces.	Couronnes de Brabant à 39 batz.	
		s.			s.			s.
61	£. 237	18	81	£. 315	18	200	£. 780	„
62	241	16	82	319	16	300	1170	„
63	245	14	83	323	14	400	1560	„
64	249	12	84	327	12	500	1950	„
65	253	10	85	331	10	600	2340	„
66	257	8	86	335	8	700	2730	„
67	261	6	87	339	6	800	3120	„
68	265	4	88	343	4	900	3510	„
69	269	2	89	347	2	1000	3900	„
70	273	„	90	351	„	1100	4290	„
71	276	18	91	354	18	1200	4680	„
72	280	16	92	358	16	1300	5070	„
73	284	14	93	362	14	1400	5460	„
74	288	12	94	366	12	1500	5850	„
75	292	10	95	370	10	1600	6240	„
76	296	8	96	374	8	1700	6630	„
77	300	6	97	378	6	1800	7020	„
78	304	4	98	382	4	1900	7410	„
79	308	2	99	386	2	2000	7800	„
80	312	„	100	390	„			

www.ingramcontent.com/pod-product-compliance
Lightning Source LLC
LaVergne TN
LVHW052043160826
845678LV00003B/1498

* 9 7 8 2 3 2 9 6 1 8 5 2 4 *